मेरे लेख

सूर्या सक्सेना

मैं यह पुस्तक समर्पित करता हूं उन लोगों को जिनकी बदौलत आज ये सब लिखना मुमकिन हो पाया जिन्होंने मुझे ऐसे हालात दिखाएं जिन्होंने मुझे उन से बाहर निकाला जिनके लिए कुछ महसूस हुआ जिनके लिए मैं कुछ लिख सका,

जज्बातों को उन लोगों को उन सभी को मेरा शत शत नमस्कार।

क्रम-सूची

क्रम-सूची

लेखक सूर्या सक्सेना

कभी जिंदगी में कुछ ऐसी बातें होती हैं जो हम कह कर बयां नहीं कर पाते

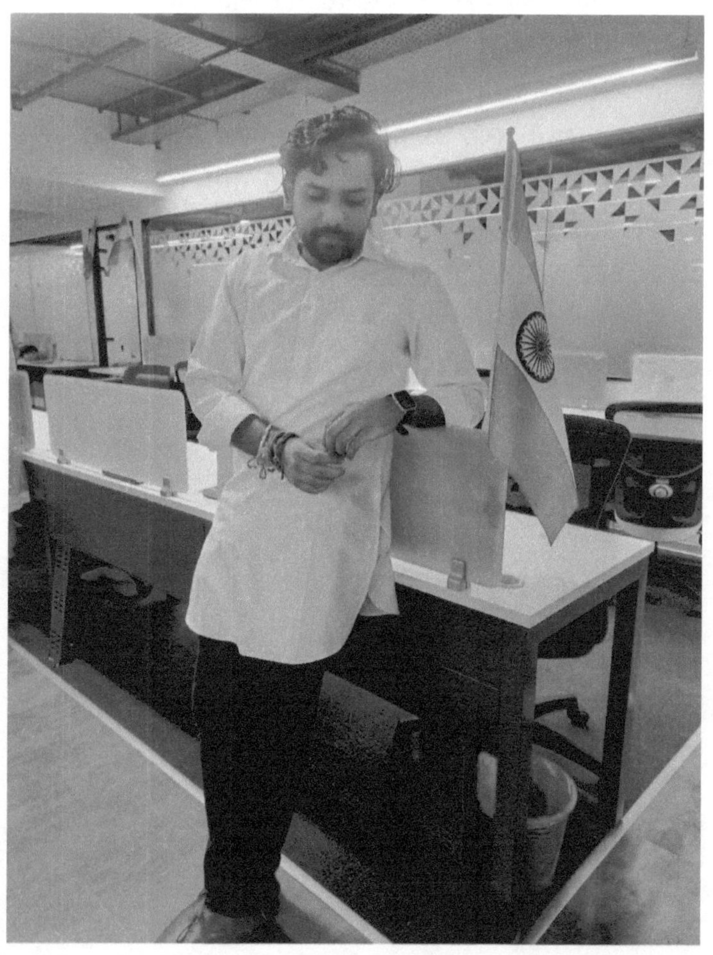

सूर्या सक्सेना

तो उन्हें हम लिखकर कह देते हैं
ऐसा ही कुछ मैंने किया
जिन बातों को कभी मैं बोलकर नहीं कह सका
उन्हें बस लिखता रहा और आज वही बातें आप सबके सामने मैं पेश कर रहा हूं

मेरा नाम है सूर्या, उम्मीद है आपको यह पढ़कर कुछ अपने जज़्बात याद आए, क्योंकि कही ना कही, हम सब एक जैसे ही जज़्बात रोजाना महसूस करते है। बस कुछ कह देते है, कुछ लिख देते है, और कुछ खुद में ही समा लेते है।

अध्याय 1

१. यूं तो मोहब्बत बार बार हुई है
लाख बार हुई है
पर जो उस से था
वो कुछ अलग ही था!
२. दिल की किताब में गुलाब उनका था
रात की नींद में ख्वाब उनका था
कितना प्यार करते हो जब पूछा हमने
मर जायेंगे तुम्हारे बिना यह जवाब उनका था!
३. अपने दिल की फिक्र नहीं
दूसरों का टूटने से डरते हैं हम
महफिल में कोई मरीज ए इश्क हो तो बता देना
शब्दों से दिल का इलाज करते हैं!
४. उसने कहा मत कर इतना प्यार बहुत पछताएगा
मुस्कुरा कर मैंने कहा देखते हैं तो कितना मेरी रूह
तड़पाएगा!
५. बड़ी हिम्मत दी है उनकी जुदाई ने
ना किसी को खोने का डर है
ना किसी को पाने की चाह!

अध्याय2

१. वह बैठे थे सामने सर को नीचे झुकाए

हम तो पहले से ही रहे थे देख उन्हें

की एक बार नजर मिल जाए

उन्होंने जब सर को उठाया हमारी तरफ देख कर गुस्सा

उन्होंने जताया

कितने लोगों की भीड़ में मत देखो यूं मुझे

किसी को शक हो जाएगा

शक तो होगा फिर उनकी बातों का आना बेवक्त हो

जाएगा

असली कहर तो तब हुआ यारों जब उसने फिर नजर को

झुकाया

पर इस बार हंसी मुझसे ज्यादा उसके चेहरे पर थी

उस कव्वाली की लाइन का मतलब अब समझ आया

उसने शर्मा के मेरे सवालात पर ऐसे गर्दन झुकाए के मजा

आ गया

मेरे रश्के कमर तूने पहली नजर जब नजर से मिलाई मजा

आ गया!

२. पहली दफा उन्हें देखा था

एक तक देखते ही रह गए थे

कहना तो चाहते थे उनसे मगर

उनकी मुस्कुराहट के सपने ही लेते रह गए थे

कुछ यूं हुआ कि हमारी बात उनसे होने लगी

इतनी प्यारी उस रब की मूरत से दोस्ती बढ़ने लगी

देखते ही देखते उसने इतना प्यार हो गया

अब ना रह पाएंगे उनके बिना यह इजहार हो गया

यह सुनकर वो बोली

अभी रुको अभी तो कुछ ही समय हुआ है

यह सुनकर एक आंसू मेरी नजरों से निकला और दिल के
पार हो गया!

बातें हुई मुलाकाते हुई

कुछ हमने पूछा कुछ उसने कहा

फिर उन्होंने फरमाया

कि तुम्हारे जैसा दोस्त आज तक ना मैंने कभी पाया

हमारे ही सामने जब उन्होंने किसी और को अपना
हमसफर बनाया

फिर आकर अपने प्यार का किस्सा हमें ही सुनाया

फिर निकला आंसू

इस बार खुद को मैं रोक ना पाया

जब वो गई मुझे छोड़कर तो मैं इस कदर टूट के रोया तो
बहुत

पर एक आंसू ना बाहर आया

वो कहते हैं कि वो लोग बहुत रोते हैं जो आंखों से नहीं
रोते

ऐसा ही कुछ हमने अपने साथ होता पाया

हद तो तब थी

जब उनका दिल टूटा और अपने आंसू पूछने को हमारा ही
कंधा उन्हें याद आया!

३. हाँ मैंने उससे प्यार किया था

हां अपने दिल अपना समय उसके नाम किया था

पर उसने तो मुझसे दोस्ती की थी

मैं डूबा था उसकी आंखों में

उसकी मुस्कान पर था मैं फ़िदा

उसकी अदा में थी मेरी जान थमी

रहना चाहता था बस उसी के साथ

क्योंकि मैं उससे प्यार किया था

पर उसने तो मुझसे दोस्ती की थी!

४. जब मुझे कोई खुशी मिली तो मैंने सबसे पहले उसको

बताया

बेवक्त उसे कॉल कर उसे परेशान किया

सिर्फ चाहता था उसकी आवाज सुनना

अपने हर काम में उसका साथ चुनना

क्योंकि मैंने तो उससे प्यार किया था

पर उसने तो मुझसे दोस्ती की थी!

५. कभी बेपनाह बरसी

कभी घूम सी है

ये बारिश भी तो तुमसी है!

बस एक वो मुलाकात चाहते हैं

उन्हें अपने दिल की वह बात सुनाना चाहते हैं

उनके सामने बैठ उन्हें हंसाना चाहते हैं

कुछ उन से सुनना और कुछ सुनाना चाहते हैं

उनके गमों को उनसे दूर ले जाना चाहते हैं

सारे दुखों को उनसे चुराना चाहते हैं

उन्हें देख हसना शर्माना चाहते हैं

उनके सामने बैठ उन्हें ये जताना चाहते हैं

उन की हंसी को देख पिंगल जाना चाहते हैं

उनकी आंखों में डूब जाना चाहते हैं

सूर्या सक्सेना

अब बस वो एक मुलाकात चाहते हैं

अब बस वो एक मुलाकात चाहते हैं

अध्याय 3

१. जिंदगी के कदम यूं ही चलते गए
कुछ लोग मिले कुछ बिछड़ते चले गए
दुनिया में इतनी मोहब्बत बिखर गए
जिंदगी में ना सही
जनाजे में लोग साथ मिलते चले गए

कितना दर्द है दिल में दिखाया नहीं जाता

किसी की बर्बादी का किस्सा सुनाया नहीं जाता
एक बार जी भर के देख लो इस चेहरे को
क्योंकि बार-बार कफ़न उठाया नहीं जाता
तेरी बर्बादी के डर से जिंदा बैठे हैं

वरना मरने का इरादा तो कब का कर लिया था हमने
हमारा तो हमारे मरने पर जोर नही चला
तेरी इश्क की तो हमारी औकात ही नहीं!

२. वो समझते थे कि वक्त कितनी तेजी से गुजर जाता है
लगता है उन्हें कभी किसी से प्यार नहीं हुआ
लगता है उन्होंने कभी किसी का इंतजार नहीं किया!

३. उसे सिर्फ एक नजर देख कर मेरी आंखों में जो चमक
आती है
मुझे देख कर उसकी आंखें एकदम से बड़ी फिर छोटी हो
जाती हैं
लगता है कि जैसे ये दिन पूरा हो गया
जैसे कोई अधूरा सपना पूरा होगया

वह हर दिन पहले से ज्यादा खूबसूरत नजर आती है
जब भी मेरी उस पर नजर जाती है
उसके हर गम को मैं उससे छीन लेना चाहता हूं
अपना बना कर दुनिया की बुरी नजर से छीन लेना चाहता
हूं
चाहता हूं के कोई गम ना आए पास उसके के खुशियों की
सुरक्षा परत चढ़ जाए उस पर
उसकी इन खूबसूरत आंखों में नमी ना हो
मेरे उसके साथ होने पर उसे कोई कमी ना हो
काश ऐसा हो जाए मैं उसका और वो मेरी
बाकी तो ए रब रहमत तेरी!
४. सिर्फ एक बार बात करना चाहता हूं
उनसे मिलकर फिर वो पहले जैसी मुलाकात करना चाहता
हूं
चाहता हूं फिर से उसे गले लगाना
प्यार से उसके कंधे सर रखकर सो जाना
अपनी गलती की सजा उनसे पाना चाहता हूं
मुझे है उनसे प्यार मुझे है एहसास इजहार करना चाहता हूं
हा थी मेरी गलती यह बताना चाहता हूं
सिर्फ एक बार उनसे मुलाकात करना चाहता हूं!
५. प्यार कितना हसीन होता है
उनकी एक नजर को तरस जाते हैं
उनसे करने को बात हम तड़प जाते हैं
जब उनका हो जाए दीदार तो मचल जाते हैं
अगर गलती से उनकी नजर हम पर पड़ जाए
तो फिर दीवाने हो जाते हैं
हर बार वह पहले से ज्यादा खूबसूरत नजर आते हैं

जितना उनको देखे और प्यार में डूब जाते हैं
अब तो बस उन्हीं का होकर रह जाना चाहते हैं!

अध्याय4

१. काश एक दिन ऐसा भी आए

हम तेरी बाहों में समा जाए

सिर्फ हम और तुम हो और वक़्त ठहर जाए!

अपनी हर सांस में अब बात किया है तुमको

ए मेरी जान बहुत याद किया है तुमको

मेरी जिंदगी में तुम नहीं तो कुछ भी नहीं

अपनी जिंदगी से बढ़कर प्यार किया है तुमको!

२. ना वो समझ सके ना हम कह सके

कैसे बताते कि कितना प्यार है उनसे

कि वो पहले ही किसी ओर को अपना कदरदान बनाए बैठे

हैं

कैसे कहते कि वो हमारी अमानत है

कि वह पहले से ही अपनी जिंदगी किसी ओर के नाम कर

बैठे हैं

कैसे बताते होने के उनसे कि एक पल की बात ऐसा

लगता है जैसे सदियों बाद किसी अपने ने जोर से गले

लगाया हो

क्या करते ए दोस्त

ना वह समझ सके ना हम कह सके!

३. मोहब्बत कब किससे हो जाए

यह अंदाजा नहीं होता

यह वह घर है

जिसका कोई दरवाजा नहीं होता
कोई कभी यहां आ जाए
या चला जाए
उस पर हमारा कोई हक नहीं होता!
४. अल्फाज नहीं है बाकी
फिर सन्नाटा है दरमियां
बीच मेरे तेरे
शायद अब इस रात की सुबह नहीं!
५. हर मोड़ पर मिल जाते हैं हम दर्द हजारो
शायद मेरी बस्ती में अदाकार बहुत हैं!

अध्याय5

१. ना जीने की चाह है

ना मरने की हिम्मत

ना जाने किस मोड़ पर आ खड़े

सोचा था पूरी दुनिया है जीने

को हम राख के बीच आ पड़े!

२. किसने सोचा था यह वक्त भी आएगा

हमारी प्यारी सी दोस्ती का यू साथ छूट जाएगा

सामने होकर एक दूसरे के

कहना तो बहुत कुछ चाहेंगे मगर

एक शब्द ना लफ्जो मे बाहर आएगा

यूं खड़े होकर दूर से एक दूसरे को देखेंगे

पास आने का मन होगा पर खुद को रोक लेंगे

हम फिर से पाने वो साथ तेरा

खुद को

हर मुश्किल में झोंक लेंगे

तुम इशारा तो करो!

३. तुम्हारी उस बेफिक्र हंसी को तरसे है

क्या बताएं टूट कर अकेले में कितना बरसे है

अपनी हर गलती की सजा तुमसे चाहते हैं

माफ कर दो ना यार कि हम फिर से हसन चाहते हैं!

४. वो हमसे हमारी हर बात का जवाब मांगते हैं

कहना तो बहुत कुछ चाहते हैं पर रुक जाते हैं

अब उन्हें कौन समझाए सुलझ गई
तो सीमेंट नहीं लगेगी यह जिंदगी
कुछ बातें उल्टी ही रहने दो .!
५. कलम रुक चुकी है
सांसे तनहा है
कुछ नहीं है दिख रहा
बस मेरी बेचैनी का है बयां
जो चल रहा ना इस घड़ी!

अध्याय6

१. महसूस कर इन शब्दों को
जो दर्द है इनमें छुपा
जो कहना था वो लिख दिया
कि कर चले हम अलविदा!
२. आज मरने को दिल चाहता है
सिकुड़ कर किसी के दामन को भीगना चाहता है
लड़ झगड़ कर खुद को तबाह करना चाहता है
बहक कर गिरना और उड़ना चाहता है
किसी के नशे में बहक कर इस तरह खोना चाहता है
ना मिले जिसकी दवा उस दर्द को पाना चाहता है
गम की इस बारिश में भीग जाना चाहता है
कि आज मरने को दिल चाहता है!
३. बिन कहे बिन सुने
बस चल दिए अपनी राह पर
जाना कहा था ना पता
अपनों को कहकर अलविदा
छुटे कुछ पीछे
कुछ मिले लोग इस राह में
साथ चलना था जिसके
वही हमें ना मिला!
४. भीड़ में कहीं खो सी गई
हस्ती हमारी है

खुद मैं
खुद से
खुद को
ढूंढने की जंग ये जारी है!
५. दिलासा दिला उन्हें
कि हम टूटेंगे नहीं
उन्हें जाना है तो जाएं
हम रुठेंगे नहीं
ना हम पिएंगे
ना उन्हें कहेंगे बेवफा
बस एक शेर लिखेंगे
और उन्हें कहेंगे अलविदा!

अध्याय7

१. गुस्सा तो बहुत है जताने को
यही सोच कर खुद माफी मांग लेता हूं
कि फर्क क्या पड़ता है जमाने को!
२. ये तो उसके लिए मोहब्बत थी मेरी
जो खींच लेती है वापस वरना
काफी बार आखिरी मुलाकात और बात हुई है उनसे!
३. अपने ख्याल का तो मुझे कुछ ख्याल नहीं
कि तेरे ख्याल ने मेरा ख्याल रखा है!
४. ए मोहब्बत अब तुझे पाने की कोई चाह नहीं क्योंकि तू
सिर्फ उसकी है जिसे तेरी कोई परवाह नहीं!
५. क्या कहें
कि जब तुम हमसे मिलने आओगे
हमें खोया हुआ ही पाओगे
कि मेरी तन्हाईयों में सिर्फ ख्वाब उमड़ते हैं!

अध्याय8

१. टूट के इतना बिखरे है

कि अब उठ नहीं पाएंगे

प्यार को इतने करीब से देखा है

जनाब

कि फिर कर नहीं पाएंगे!

२. मेरी इस बेख्याली में यह ख्वाब तेरा

अजीब कशमकश है

सोचू

रुकूं या जाने दू

ना अब यह मेरे बस है!

३. कई दिनों बाद आज मेरा दिल यह सोच कर रो दिया

कि ऐसा क्या पाना था मुझे जो मैंने खुद को ही खो दिया!

४. के हम यूं

डूबे टूटे छुटे

हैं सनम

कि अब उभरना मुश्किल होगा!

५. तेरी मर्जी के बिना

तुझे इस दुनिया से छीन लू

इतनी हिम्मत मुझ में नहीं

पर तुझे कोई मेरे दिल से निकाल दे

इसकी इजाजत तो मुझे खुद को भी नहीं!

अध्याय 9

१. यूं अदावत तो रखी है हमसे
तुरबत पर आंसू भी तुम ही बहाओगे!
२. तेरी हर अदा ने हमें बदमस्त किया है
चाहे तेरी आंखों में डूबे चाहे तेरी हंसी पर फिसले
जब जब देखा तब तब प्यार हुआ है !
३. मेरे इश्क ने
उसे मेरा तो ना किया
पर मुझे उसका छोड़
किसी और का ना होने दिया!
४. कि दफन है अंदर जो चीखे
उन्हें खो देना चाहता हूं
कि आज मैं जी भर के रो लेना चाहता हूं!
५. तुम्हारी जुबान ने तुम्हारा खूब साथ निभाया
पर आंखे बेवफा थी
हमें सब बता गई
मजबूर को
मजबूर की
मजबूरियां
मजबूर कर देती है
हम भी मजबूर थे
पर आप रोक भी सकते थे
उन्हें शिकायत है कि मेरे शब्द बहुत

शोर मचाते हैं
उन्हें क्या पता
मेरी रूह कितना चीखती है!

अध्याय10

१. मेरे साथ जब मैं खुद खड़ा होता हूं
तब मैं कयामत के हर तूफान से बड़ा होता हूं।
२. समंदर पर बैठे
वक्त को गुजरते देखा
तो मालूम हुआ
कि जिंदगी थमी हुई भी
कितनी खूबसूरत है।
३. खफा भी रहते हो
वफ़ा भी करते हो
पाना भी नहीं चाहते
और खोने से भी डरते हो।
४. बेचैनी देख चुके हो हमारी
अब सबर भी देखना
इस कदर चुप रहेंगे हम
कि चीख उठोगे तुम।
५. ना जाने यह कैसा इश्क कर रहे हैं हम
जिसके हो नहीं सकते उसी के हो रहे हैं हम।

अध्याय11

१. उसकी इन झुकी नज़रों ने

जो कातिलाना वार किए

उसकी अदाओं से यू लिपटे

कि अपना दिल चैन प्यार

सब उन्हीं पर वार दिए।

२. दिन की क्या बात करें

तेरे बिना हर पल गुजारना मुश्किल है

मिलते हैं दिन में तो हंसकर सबसे

पर तेरे बिन ये रात गुजारना मुश्किल है।

३. कातिल तेरी यह बातें

मेरे दिल को छू जाती है

कैसे कहूं ए सनम

तेरी हर पल में कितनी याद आती है।

४. तुम ही से तो जुड़े हैं अब हर खुशियां मेरी

तुम्हारे छूने से मेरा हर लम्हा मुस्कुराने लगा

पता ना चले कब कौन सी डोर तेरी ओर खींच लाए

तेरा साथ पाकर मेरा हर लम्हा खूबसूरत बनने लगा।

५. काश तुम समझ पाते

तेरी इस हसीन हसी के नाम अपनी जिंदगी कर सकते हैं

मेरी जान तेरे लिए इस दुनिया से लड़ सकते हैं

तू साथ रहे यह हो नहीं सकता यारा

पर तेरे बिना जीना भी हमें नहीं है गवारा

तुझ पर अपनी यह जान छिड़कते हैं
अपनी जिंदगी आज तेरे नाम करते हैं
काश यह बातें तेरे दिल तक जाती
काश तू यह समझ पाती।

अध्याय12

१. मैं वो लिख कर बहुत रोया
जिसे तुम पढ़ कर मुस्कुरा रहे हो।
२. प्यार तुमसे इतना कर बैठे
ना चाहते हुए भी यह दिल तेरे नाम कर बैठे
अब ना होंगे तुमसे जुदा
कि यह जान तेरे नाम कर बैठे
कि तेरे मिलने से
आई है जिंदगी में खुशी
तेरे बिना रहना अब ना है आसान
कि तेरे साथ ही बितानी है यह जिंदगी।
३. पूछते हो हाल मेरा
मेरी जान
तुम भी कमाल करते हो
हंस के अगर ना हम तुमसे बोले
मेरी जान तुम उस पर भी सवाल करते हो।
४. मर चुके हैं तेरे बिना
अब ना खुद मैं खुद के लिए
कोई सांस बाकी है
जो भी मेरा था
सब तो तू ले गई है
अब ना जाने ये कोनसा खयाल मुझ पर हावी है।
५. ऐ जिंदगी

मानते हैं हम कि तुम बहुत खूबसूरत है
पर सच कहें
उसके बिना तू कुछ नहीं।

मानते हैं हम कि तुम बहुत खूबसूरत है
पर सच कहें
उसके बिना तू कुछ नहीं।

अध्याय13

१.नाराज है तुझसे
फिर भी तुझसे ही बात करना चाहते हैं
ए नासमझ
क्यों ना तो समझे
कि तुझे हम कितना चाहते हैं।
२. इंतजार में
यार के दीदार के
हम तो तैयार बैठे हैं
कुछ तो रह मत कर ऐ खुदा
के इश्क में हम जानिसार बैठे हैं।
३. अब तो खुद को भूल चुके हैं
यादों का आईना भी कुछ धुंधला पड़ चुका है
अब ना हम हैं
ना तुम हो
बस ये खालीपन
बस ये खालीपन।
४. बड़े दिनों बाद आज
कुछ लिखना चाहा
उठा ली कलम
शब्दों ने भी बिकना चाहा
सोचा लिखते हैं आज कुछ अलग
पर तेरे सिवा ना

कुछ सूझा और
ना कुछ हमने
लिखना चाह।
५. रुक जाओ ना
एक रात तो रहने दो
इतनी समय से दबी पड़ी है जो बात
आज तो उन्हें जी भर के कहने दो।

कुछ सूझा और
ना कुछ हमने
लिखना चाह।

अध्याय14

१. ए खुदा

के आज याद आया

क्यों है तू इतना प्यारा

तूने फिर बताया

सुकून है जो तेरी इबादत में

कसम तेरी

तेरे बाद

सिर्फ उसके साथ आया

२. तेरे बगैर

ना मरे हैं

और मरेंगे भी नहीं

पर तेरे बगैर

मर मर के जीना भी नहीं।

३. माना की दूरियां बहुत है हमारे दरमियां

पर तुम से ज्यादा करीब भी कोई और नहीं।

४. तुम्हें जीतने में नहीं

तुम्हारे साथ जीतने में खुशी है

काश तुम समझो

मेरे प्यार की कोई हद नहीं।

५. हम ज़रा लंबी बातों के शौकीन है

जब आना थोड़ा वक्त लेते आना।

अध्याय15

१. हम चाहते हैं तुम्हें बरसों से

चाहे हमने यह बताया परसों से

पर वक्त के साथ जो बदल जाए

वह प्यार नहीं

नतीजा चाहे कुछ भी हो

उसमें मेरी हार नहीं।

२. मेरा सच कभी तूने सुना नहीं

तुझे तो झूठ पसंद था

शायद

तभी प्यार तुझे मेरा दिखा नहीं

तुझे जो वह अपनी दुनिया में मगरूर पसंद था।

३. आज फिर बैठे हैं हिचकियों के इंतजार में

आखिर देखे तो सही

तुम याद करते हो या नहीं।

४. गनीमत है यह जिंदगी

क्यों ना उम्दा तरीके से जी जाए।

५. जितना चाहो हमे आजमाओ

हर बार से ज्यादा रहेगा प्यार बस यह जान जाओ।

अध्याय 16

१. बहुत शौक था हमें दूसरों को खुश रखने का
होश तब आया
जब खुद को जरूरत के वक्त अकेला पाया।
२. दफतान
तेरा यूं सामने आ जाना
तुझे देख मेरी रूह आंखों में आना
यह झूठ नहीं हो सकता।
३. कि तेरी बातों
अदाओं और
साथ के दीवाने थे
अगर सिर्फ जिस्म से इश्क होता
तो कब के छोड़ चुके होते।
४. हर किसी का हक है मोहब्बत पर
पर मोहब्बत हर किसी के हक में नहीं।
५. तेरा ज़िक्र हर उस शख्स से किया है मैंने
जिसने दो पल भी हमसे प्यार से बात की है।

अध्याय 17

१. कि तेरा अब लौट आना मुमकिन नहीं
तेरा मुझसे मिल पाना मुमकिन नहीं
प्यार तो तुझसे आज भी है
पर अब तुझे ये समझाना मुमकिन नहीं।
२. किनारे ना मिले मेरे ख्वाबों को
तो कोई बात नहीं
दूसरों को डूबा कर
हमें आगे बढ़ना नहीं।
३. कौन अपना है कौन पराया
क्या फर्क पड़ता है
जब साथ कोई निभाता नहीं
निभाने के वादे तो करते हैं सारे
पर दर्द में पास कोई आता नहीं
हमने तो वादा किया
और साथ भी दिया
पर शायद ऐसा साथ
किसी को भाता नहीं।
४. एक नए इश्क का आगाज है
खुद पर भी कुछ ऐसा नाज है
देखी है जी भर तेरी खूबसूरती
अब जाने तेरे सारे गहरे राज है।
५. कैसे कह दूं हां उसे

जिस पर हमें प्यार नहीं आता
कैसे यकीन दिलाऊं अपने इसका उसे
जिसे हम पर ऐतबार नहीं आता।

अध्याय18

१. प्यार दिल में है
जिंदगी में नहीं
ख्वाहिश है
पर उम्मीद नहीं
खुशी चेहरे पर है
दिल में नहीं।
२. चीखती है रूह ये मेरी
कैसे करूं बयां इस दर्द को
एक बार तो सुनती तू
अरे छीन ले गई मुझसे मेरे रब को
ना रहा खुद पर भी यकीन
कि कभी कुछ कर भी पाएगा
अरे तेरे इश्क का मारा है
देख आज तेरे आगे ही जल जाएगा
फिर आना तू ढूंढती मुझे
ना मिलूंगा इस बार
अरे मेरी जिंदगी तो है बस दर्द
और तेरा दिया हुआ है ये उपहार।
३. जिंदगी किस पल साथ छोड़ जाए
क्या पता
जितने पल है जी भर जियो
जो करना चाहते हो करो

क्या पता
कल हो ना हो।
४. चांदनी रातों में चिल्लाता फिरा चांद सी जिसने वो
सूरत देख ली।
५. वो कहते हैं
हम अच्छे नहीं दिखते
इन तस्वीरों में ठीक नहीं लगते
चेहरे की खूबसूरती में उलझे है वो
उन्हें हमारे प्यार गम दिख नहीं सकते।

अध्याय19

१. हां माना

कि हम ही जबरदस्ती किया करते थे

कि बात करो हमसे

जाओ मुबारक हो तुम्हें यह आजादी

कि हमने कर ली है सुलह खुद से।

२. यूं उम्र कटी दो अल्फ़ाज़ में

एक आस में एक काश में।

३. हमने कब कहा के

वो मिल जाए हमें

गैर ना हो

बस इतनी सी हसरत है।

४. ना हम किसी के खास बने

ना किसी से कभी वादे किए

"हसीन चेहरे भी टकरे बहुत

पर दिल किसी ने छुआ नहीं"

ना हम किसी के खास बने

ना किसी से कभी वादे किए

एक बार प्यार से कोई रखता तो सही

चलते चले यूंही राह में

बिना किसी का साथ लिए

बिना किसी से बात की है।

५. कि अगर होता यूं

हो जाता सब सही
ना होते ये गम
ना कोई होती कमी
ना जान सकी तू
ना समझा और कोई
कि कैसे दिन कटे
और
कैसे ये राते रोई
रहते जो कभी
होती दुनिया जो ख्वाबों की
होते जो तुम
या होती ही नहीं
ना मांगू कभी
ना कुछ जाऊं कभी
बस होते जो तुम
या होती ही नहीं।

अध्याय20

१. चीखें इस सर में

मुझे सोने नहीं देती

यादें तेरी

तुझ से दूर होने नहीं देती

तड़प रही है रूह हर कदम

पर मेरी आंखें मुझे रोने भी नहीं देती।

२. कि मर चुके हैं अंदर से

बस यह जिंदा लाश बाकी है

अरमान नहीं अब दिल में कोई

ना कोई मुराद बाकी है

छोड़ चुके हैं सब मेरे मुझे

ना अब तेरा साथ बाकी है

देख कैसे तड़प रहे हैं जज़्बात मेरे

अब बस यह कुछ चंद सांस बाकी है।

३. अब आलम यह है के

हर एक रात रोते हैं

याद तेरी सोने नहीं देती

अपना हर एक पल यूं खोते हैं

कि कभी तो तू वापस आएंगे

अपनी उस हंसी के साथ

इसी ख्वाहिश को तेरे इंतजार के धागे में पिरोहते हैं

अब आलम यह है

के हर एक रात रोते हैं।

४. दिन जाता है गुज्जर
फिर रात भारी आती है
रोक नहीं पाती खुदको
जब याद तुम्हारी आती है।

५. के तुझ से अच्छी तो तेरी यादें हैं
बिन बुलाए आ तो जाती है
तेरी बातें तेरी वो हसी
जिनकी हमें आदत थी
इस भीड़ में अंदर के खालीपन को सुकून पहुंचाती हैं
सामने से तो दिखती नहीं
आवाज तेरी सुनती नहीं
पर दिमाग में हर पल गुनगुनाती है
हर गुजरती शाम
तेरे दूर जाने का एहसास कराती है
तुझसे अच्छी तो तेरी याद ही है
बिन बुलाए आते जाते हैं।

अध्याय21

१. हार चुका हूं उम्मीद खुद से

ना अब दिखता कोई रास्ता बाकी है

रोज थोड़ा टूट कर बिखर रही है उम्मीद मेरी

ए खुदा

अब बताओ और कौन सा जखम बाकी है।

२. के अब तुम याद नहीं आते

के अब हम कुछ लिख नहीं पाते

कर चुके हैं तेरे सारे ही से खुद से जुदा

कुछ दफना दिया खुद में

कुछ दिए हमने मिटा

के अब लिखे तो क्या लिखे

कि मेरा भी मुझ में कुछ नहीं बचा।

३. मुझे मेरी जिंदगी कुछ खास पसंद नहीं

रखते हैं छुपा के इस दुनिया से

राज पसंद नहीं

कुछ दुनिया छोड़ चुकी है हमें

कुछ को हमने छोड़ा

अब खुश होने की उम्मीद मत देना

कि यह झूठे दिलासे हमें आज भी पसंद नहीं।

४. इस कदर टूट के तुझे चाहने लगे

कि हर बहाने से पास तेरे आने लगे

अब ना रह सकेंगे बिना तेरे

तुझे हम तुझसे और
खुद से ज्यादा चाहने लगे
तेरे बिना गुजारा हर पल मुश्किल होता है
जुदा तुझसे होके हजार दफा यह दिल रोता है
अपनी हर दुआ हर इबादत में तुझे लाने लगे
इस कदर टूट के तुझे चाहने लगे।
५. सुकून की नींद सोए एक जमाना हो गया
अब बताएं हम क्या कि दुश्मन जमाना हो गया
सुकून था उस बचपन में
अब तो थक कर सो जाना
एक बहाना हो गया।

अध्याय22

१. भले ही मैं आगे कितना भी बड़ जाऊंगा पर अगर तू नजर आया तो मैं फिर बिखर जाऊंगा।

२. हकीकत से कुछ खास बनती नहीं मेरी कुछ ख्वाब है जिन्होंने संभाल रखा है मुझे।

३. तुम किताबें इश्क तो बनो पन्नों से मोहब्बत हम भर देंगे।

४. जो चला गया वह जरूरी नहीं जो साथ है वह खास है संभाल लो कहीं देर ना हो जाए।

५. और बता तुझे क्या जिंदगानी चाहिए कल आई थी आज की आज पानी चाहिए यह कहां की जीत है क्या कि कोई और सोया कोई रात सब की है सबको नींद आनी चाहिए।

अध्याय23

१. क्या दुख समंदर है, बता भी नहीं सकता,

आंसू की तरह आंख तक आ भी नहीं सकता,

तू छोड़ रहा है तो खता इसमें तेरी कहा,

हर शख्स मेरा साथ निभा नहीं सकता,

वैसे तो एक आंसू बहा कर मुझे ले जाएगा, वरना तो

तूफान भी हिला नहीं सकता।

२. के बातें सबसे हम भी करते नहीं;

करते हैं, जो मन करे किसी से डरते नहीं,

समझते हैं कि हमसे बांटने के लिए तुम्हारे पास वक्त नहीं

तुम नहीं,

तो तुम्हारा इंतजार ही सही कि अब तक साथ हो या नाहो

क्या फर्क है बेदर्द थी जिंदगी यही बेदर्द है।

३. हां हम करते हैं प्यार तुमसे लगता है बुरा हमें भी

तुम्हारी दूरी उसे समझ सको तो समझो इतना कि ना रह

पाएंगे बिना तुम्हारे बुरा तुम्हें कुछ लगता है तो खत्म

करता है हमें अंदर से बुरा कोई अच्छा बच्चा यह सन तेरा

भूल जाते हो गुस्से में अपने भी सनम सोच में पड़ जाते

हैं हम साथ तुम्हारे हो जाएंगे भी जान से बढ़कर हो तुम

हमारी।

४. मिले हो तुम जबसे मुस्कुरा रहे हैं तब से हर दिन की

शुरुआत है शाम का अंत हो तुम मेरा सब कुछ मेरी जान

हो तुम मेरा सब कुछ मेरी जान हो तुम तुम हो तो मैं हूं

मैं ही हूं कि तुम हो।

५. हिंदी में सुकून चाहते हो तो लोगों की बातों को दिल से लगाना छोड़ दो जिंदगी आसान नहीं होती इसे आसान बनाना पड़ता है कुछ अंदाज से कुछ नजरअंदाज से।

अध्याय24

१. मेरे तो अपने भी मेरे खिलाफ हो चले ना बचा कोई दोस्त ना रहा कोई रिश्ता ना बचा कोई और बस उम्मीद है तुझसे रहना तुम साथ मेरे ना छोड़ना औरों की तरह अकेला करब ना होगा जो तू ना होगा बचेंगे हम भी नहीं।

२. अब तुझे पास रखना है बहुत हो गई यह दूरियां अब तुझे साथ रखना है।

मिलना है फिर तुझसे एक बार तेरे साथ अपना अगला पल देखना है।

आ मिल जा तू मुझे कहीं फिर से तुझे गले लगा बताना है कि कितना है प्यार तुझसे कितना है इंतजार मेरे दिल को तेरा आ मिल जा कही।।

३. जो आए हो यू जिंदगी में मैं बिन तेरे एक पल भी रहना मुश्किल है साथ दे दो जो तुम मेरा जिंदगी में हर मुकाम हासिल है बनके रहना यूं ही मुसाफिर मेरी कि तेरे बिना जीना अब नामुमकिन है।

४. जो तुम नहीं जिंदगी में तो कुछ नहीं मेरे पास मेरा, तुम्हारा प्यार मंजूर है तो तुम्हारी सजा भी साथ बस रहना है तुम्हारे ना जी सकूंगा बिन तुम्हारे रुक जाओ समझो मुझे वही सच में तुम्हारा तेरे बिना ना कोई हमारा।।

५. कुछ टूटा हुआ महसूस हुआ अंदर जैसे यह कोई दर्द पुराना था फिर से देखा होते दूर अपनों को जैसे इतिहास के फिर से आना एक बहाना था हो गए हो तुम औरों के

साथ खुशियों हमें तो जैसे बस हमारे अकेलेपन का एहसास करवाना था हो रहे हो हमसे खफा मिल गया क्या कोई और तुम्हें तुम्हारे बिना मर जायेंगे हम रखना तुम यह भी याद सदा।।

अध्याय25

१. उदास है उदासी में जिंदगी कुछ नहीं दिख रहा सामने वक्त की रेत निकल रही है हाथों से कुछ नहीं बचा जिसे थाम लेना है उम्मीद ना है वक्त जो खड़ा हो कोई साथ मेरे।

२. हां शायद तेरी मोहब्बत के हम लायक नहीं जो तेरे साथ रह सके हम उस काबिल नहीं शायद ना रख सकेंगे तुझको खुश कभी।

तू हमें छोड़ अपना रास्ता चुन ले उसमें कुछ गलत नहीं है,

माना कि मिलेंगे हमसे भी अच्छे बहुत पर हमारी बात नहीं उनमें होगी कहीं,

मेरे साथ रह कर पाओगे बस दुख तुम्हें हर आंसू की बनूंगा वजह मांगी संभाल लो पोस्ट कर दो जुदा हम मर भी गए तो देंगे दुआ पर हमारी वजह से तुम दुखी होंगे नहीं।

३. रूठा मेरा मुझसे ही एक साथ है न दीप्ति मुझे कोई आस है,

छोड़ रहे हैं एक-एक कर सभी यू साथ मेरा किसी को लगते हैं सच है किसी को झूठे किसी को अच्छे किसी को बुरे अब क्या कहूं मैं यारों कि मेरी हकीकत भी मुझसे नाराज है।

४. जिंदगी कितनी अजीब हो चुकी है खुश दिखना खुश
    होने से ज्यादा जरूरी हो गया है।
५. बचपन भी चुका है ना बात करो उसकी यह जवानी के
    हर शाम तड़पती है।

४. जिंदगी कितनी अजीब हो चुकी है खुश दिखना खुश
होने से ज्यादा जरूरी हो गया है।
५. बचपन भी चुका है ना बात करो उसकी यह जवानी के
हर शाम तड़पती है।

अध्याय26

१. सोए हुए तो अरसा बीत गया अब तो बस आंखें बंद
होती है किसी ख्वाब के इंतजार में।

२. घायल तो यहां हर एक परिंदा है जो फिर से उड़ सका
वही जिंदा है।

३. बातें बनाने में हम शायर से बन गए हैं लायक सबसे
नालायक से बन गए हैं चाहत में तेरी रहना हम चाहे हम
आशिक दीवाने बन गए हैं।

४. क्या समझते वह हमें कि हम तो एक खूबसूरत दिल के
मोहताज थे और वह दिमाग से सोचते रहे।

५. के अब खत्म हो चुका है जो रिश्ता दिल के तार जोड़ने
मुश्किल है के अब चुके हैं जो वह यार जुड़ने मुश्किल है।

अध्याय27

१. कुछ गलतफहमियां अपनों को दूर कर जाती है और
कई बातें यू जब भी असर कर जाती हैं।

२. रहना यूं था तेरे साथ में हमें,

काश,

रिश्ते यू जुड़ जाते हैं,

काश समझते एक दूजे की मजबूरी को हम,

दुनिया के डर से रुक जाते हैं काश हम एक हो जाते।

३. कैसे अपनाए बुरा हाल कर बैठी मां से प्यार तो था ही
चाय से इश्क और तुमसे मोहब्बत कर बैठे।

४. जाते जाते, उनका वो बाए दिल में यूं घर कर गया, के
मेरा कतरा कतरा जर जर कर गया।

५. आप बैठे किसी अनजान है बात करें किसी बहाने से
इतनी हिम्मत कहां हमने क्या कुछ फायदा होगा नजरे
चुराने से या मिलाने से।।

अध्याय28

१. के इन जुल्फो की हसीन घटाओ मेरे पाती जिंदगी के इस हसीन पल को जी जाते ना जाने देते दूर कहीं खुद से कभी यह बस तेरी बाहों में छुप जाती।

२. कितनी बार चाहो तुम आजमाओ हर बार से ज्यादा रहेगा प्यार बस यह जान जाओ।

३. ज्यादा वक्त नहीं लगता है वक्त को बदलने में मर्द होता वही जो भी डरता नहीं अकेले लड़ने में सच्ची नारी वही जो ही मरती नहीं चार पुकारो पर रख आईफोन घड़ी गुच्ची पराडा और मुझे आगे बढ़ाने में।

४. अपने शब्दों को अपनी आवाज में सामने लाएंगे जरूर अपने प्यार का नगमा लोगों को सुनाएंगे जरूर पता तो चले कौन सुनना चाहता है हमें अपनी कहानी हम भी बताएंगे जरूर।

५. रख लेते ख्याल भी उनका जीत लेते दुनिया के उनके लिए बस एक बार बोल तो सही साथ निभाने की बात करते तो सही एक बार रुकते तो सही।

अध्याय29

१. लेकिन वह कभी यह न समझ सके कि हम मंजिल की तलाश में नहीं रहा होगा सुकून पाने निकले थे सब की तरह इस जंगल में ढूंढने नहीं शांत जगह पाने निकले थे।

२. वो कहते रहे समझते रहे कि नहीं परवाह तुम्हें इस दुनिया की,

ना कर पाओगे कुछ कभी एग्जाम्स नहीं फ्यूचर नहीं नौकरी नहीं,

कैसे रखोगे खुश मुझे जब तुम्हें खुद की कोई फिक्र नहीं।।

३. कहता हूं खुदा के बर्बाद कर दे एक बार तू भी सुन ले यह मुझे आबाद करते हैं टूट जाऊं बिखर जाऊं कि दुबारा उठना सकूं खत्म कर दे और इस दर्द से आजाद कर देता हूं मैं ए खुदा बर्बाद करदे।

४. नींद उड़ चुकी है इस कदर इस कदर तूने हमें छोड़ा था लगता है मोहब्बत नसीब में नहीं आज इसमें छोड़ा उस रोज तूने छोड़ा था।

५. भुलाया नहीं जाता सामने हो खड़ा फिर भी भुलाया नहीं जाता इश्क करते हैं कितना बेपनाह उनसे कभी समझे और हमसे कभी जताया नहीं जाता।

अध्याय 30

१. ए खुदा कभी कबूल मेरी एक फरियाद तो हो उस जालिम के दिमाग में मेरी एक याद तो हो कुछ मेरी सुनो वह बहुत अपनी सुनाए कभी गलती से तो वह हमें फोन लगाएं।

२. हम आफत और शिक्षक भी कागज भी लिखते हैं इस नाम तुम्हारा साथ जो चाहता है कभी कभी ना पाएंगे दिल कितना तुझे यह चाहता है मिलोगे तो तुम्हें बताएंगे के एक ओर शाम तेरी आंखों में बिताएगे, तेरी सारी शिकायते तुझे सुनाएंगे अपना हर सपना सच कर पाएंगे यह सरन कागजों में सिमट जाएंगे।।

३. काफी अरसे से चाहता था दिल यह बताना तुझे एक बार तो बात करो उससे कम कोई तो मिले बहाना मुझे बात कर तुझसे उसको मिला ना अब है और कोई कहीं जाना मुझे काफी अरसे से चाहता था यह दिल बता ना तुझे।

४. इस कदर अकेले किया है अपनों ने इस जमाने में अब तो अपने किरदार पर शक होने चला है इस कदर चला है महफिल से अब तो जिंदगी से रुसवा होने का मन होने लगा है।

५. हां माना कि हम भी जबरदस्ती क्या करते हैं ठीक है बात करो हमसे जो मुबारक हो तुम्हें यह आजादी के हमने कर ली है सुला खुद से।।

अध्याय 31

१. जो इश्क कर गए, वो जी गए ये जिंदगी अपनी।
जिसे खुद खुदा ना रोक सका होने से, उसपे तुम्हारा और
मेरा बस कैसा।

२. किसी किताब की शुरुआत भी पन्ने से होती है,और उस
पन्ने की शुरुआत भी अक्षर से होती है,
शब्द भी वो बहुत बाद में बनता है।।
अब जरूरी थोड़ी है कि एक अक्षर समझ कर
लिखना का ख़याल ही छोड़ दे।।

३. उम्मीद ही तो है, जो मुझे तुमसे जोड़े हुए है,
मेरे हर सवाल का कोई जवाब नहीं है, है तो बस उम्मीद
की तुम, आओगे, वक्त जो भी हो, हुआ जो भी हो, तुम
आओगे, उम्मीद है कि शायद इस बार तुम मुझे गलत
साबित होने नहीं दोगे।।

४. उम्मीद कभी छोड़ी नहीं जाती बेवजह रिश्तो की डोरी
तोड़ी नहीं जाती अगर जिंदगी में करना चाहते हो तुम कुछ
कहे तो एक या दो हार के बाद भी कोशिश छोड़ी नहीं
जाती।

अध्याय32

१. मुस्कुराने से कुछ ज्यादा नहीं किसी और के कुछ कह देने से मैं हार जाता नहीं कुछ वक्त हो चुका है मुझे बेवफा यूं ही किसी की बातों में मैं आता नहीं।

२. फसाया तुमने नहीं बातों ने तुम्हारी वह जुनून दिया है इस दर्द भरी जिंदगी में दो पल का हां सही पर सुकून दिया है।

३. मुस्कुराना हम भी जानते हैं दुनिया के सामने बस ऐसे ही मिलते हैं पत्थर चुके हैं इस नकली हंसी से अब बस कुछ पल के लिए खोना चाहते हैं।।

४. समझना समझाना मेरे बस में नहीं यह दुनिया बस चलती है और ज्यादा प्यार से चलती नहीं हर एक शख्स को मुस्कुराकर मिलता हूं बस हर एक शख्स के लिए मुस्कुराना मेरी हस्ती नहीं।

५. बारिश की उम्र ठंडी हवा उसकी प्यारी थी बिल्ली की भरी गर्मी में ठंडी हवा ऐसी मारी थी जिंदगी बस एक तूफान की देर थी ना रहे वह बारिश, ना रही वह हंसी ना रहे वह बादल ना रहा सुकून।

अध्याय33

१. शब्द मेरे बस दर्द बयां करते हैं भरा है जो इस दिल में
हर पल बयां करते हैं कहने को तो कह दे यह सारा जहां
हम भी और हर किसी से थोड़ी दया करते हैं।

२. मेरा झूठ में मुस्कुराना भी सच्चा हो गया जो बुरा वो
अच्छा हो गया उनसे मिली क्यों नजरें जो मेरी कैसे कहूं
कि कितना अच्छा हो गया।

३. इश्क का जिक्र जब सामने आता है तो बस नाम एक
ही याद आता है तेरी तस्वीर तेरी अदा तेरा चेहरा सब
सामने आता है।

४. इश्क़, मोहब्बत प्यार सब बेकार की बातें हैं यह तो
गुजर गई छोड़ो मेरे यार की बातें।

५. प्यार हर किसी के लिए अलग है जिसे मिला उसे
अच्छा लगा जिसे नहीं मिला उसे उसका दर्द अच्छा लगा
तरह किसी ने समझौता कर जीना सीख लिया।।

अध्याय34

१. उसके प्यार में इस कदर डूबे हैं के दिन रात श्याम कुछ पता नहीं चलता हंसते हंसते रो पड़े लोग गए चलते चलते यूं निकल पड़े किस सफर के लिए चल पड़े कुछ पता नहीं चलता।

२. हां मुश्किल होगा सफर पर तुम तू इतना मत जमाने से खफा हो जाना पर तुम रूठना मत।

३. नाराज हूं खुद से,

खुद से हूं मैं उदास,

अब दूर हो चुका हूं खुद से, ना मैं अब किसी के पास।

४. उन्होंने पूछा कि क्या कारोबार है तुम्हारा मैं नफरत की दुनिया में एक छोटी सी खुशियों की दुकान है मेरी।।

५. हां मैं हूं प्रधान मेरा मुझ में और उसका उसमें हो हाय कहानी है वह आप चाहो उससे मिली सर्दियों की रातों की नमी भी हो मैं बारिश साहू और तड़पते धूप वाली गली हूं मैं उस बारिश की बूंदों से चैन भी हूं उस वह गर्मी में चली ठंडी हवा सा हो मैं ठंड में कहीं से निकली धूप सा हूं।।

अध्याय 35

१. मैं धूप में छांव के सुकून सा वह सर्दी की यार जैसी मैं चाय की चुस्की की तरह गोपी के जोर से मैं चॉकलेट की मिठास सा वो चाऊमीन सी स्पाइस।

२. मेरी जिंदगी की सांस है वह जब बोले तो मेरी आवाज है वह उसके साथ बीते पलों में मेरी हर खुशी की आस है वो।

३. मेरे लम्हों की कहानी है तू मेरी जीवन की रानी है तू साथ तेरे रहना बस यही एक ख्वाहिश है तुझ से मिलवाने की यह कुदरत की साजिश है।

४. कहानियां अधूरी भी खूबसूरत होती है इश्क भी एक उस रब की मूरत होती है हमारा इश्क भी कुछ यूं अधूरा है हमारा साथ ना होते हुए भी साथ पूरा है।

५. बस एक वो मुलाकात चाहते हैं

उन्हें अपने दिल की वह बात सुनाना चाहते हैं

उनके सामने बैठ उन्हें हंसाना चाहते हैं

कुछ उन से सुनना और कुछ सुनाना चाहते हैं

उनके गमों को उनसे दूर ले जाना चाहते हैं

सारे दुखों को उनसे चुराना चाहते हैं

उन्हें देख हसना शर्माना चाहते हैं

उनके सामने बैठ उन्हें ये जताना चाहते हैं

उन की हंसी को देख पिंगल जाना चाहते हैं

उनकी आंखों में डूब जाना चाहते हैं

अब बस वो एक मुलाकात चाहते हैं!

अब बस वो एक मुलाकात चाहते हैं!

www.ingramcontent.com/pod-product-compliance
Lightning Source LLC
Chambersburg PA
CBHW022109150726
47990CB00003B/1295